Tesoros del
PRADO

Tesoros del
PRADO

Felipe Vicente Garín Llombart

Abbeville – Cátedra

Copyright, ver página 312.

ÍNDICE

INTRODUCCIÓN

Cuando se inauguró, el 10 de noviembre de 1819, el Museo Real de Pintura y Escultura del Prado no contaba más que con obras procedentes de las colecciones reales, seleccionadas a partir del año anterior en los diferentes palacios de los reyes, Fernando VII e Isabel de Braganza. A estos "fondos reales" se debe, aún hoy en día, la singularidad del Museo del Prado en comparación con la mayoría de los grandes museos europeos. Y esa procedencia "real" justifica asimismo el excepcional número de obras de Velázquez y de Goya, "ambos pintores del Rey", así como de Hieronymus Bosch (El Bosco), de Tiziano o de Rubens, pero también explica ciertas lagunas.

La decisión personal de los soberanos contaba con algunas iniciativas anteriores: a partir de 1775, el pintor y teórico Mengs, orientador del pensamiento de la Academia, sugería la conveniencia de fundar un museo; en 1800, el ministro Luis de Urquijo quiso traer de Sevilla algunas obras de Murillo para montar una galería de pintura en el Palacio Real. El modelo francés del recién inaugurado Museum Central del Louvre debió de influir también, al menos en los proyectos de José I Bonaparte, rey de España de 1808 a 1813. Formado por obras procedentes de las colecciones reales y de los bienes de las órdenes religiosas suprimidas, el Museo Josefino, creado por decreto del 20 de diciembre de 1809, habría de instalarse en el Palacio de Buenavista; fracasado este plan, se pensó después en el Museo de Historia Natural, obra del que fue arquitecto Juan de Villanueva (1785-1805) por encargo de Carlos III. Habiéndolo utilizado las tropas francesas como cuartel, el bello edificio neoclásico estaba seriamente deteriorado. ¡Qué paradójica resulta aquella primera idea de un museo nacional cuando, a causa de la guerra de la Independencia, tantas obras de arte iban a desaparecer del territorio español!

Tras la caída de José I y la vuelta de los Borbones, Fernando VII reanudó la puesta en marcha del proyecto napoleónico, aunque la devolución de sus bienes a las órdenes religiosas obligaba a modificarlo. Apoyado por la Reina, decide exponer las obras de las colecciones reales y, después de encargar a su Mayordomo Mayor, el marqués de Santa Cruz, ayudado por Vicente López, primer pintor de cámara, la creación de dicha galería, ordena el 3 de marzo de 1818 la restauración del Museo de Ciencias, que costearía con sus fondos personales, a fin de exponer en él "las bellas pinturas que decoran sus palacios". El gran proyecto de Carlos III, digno del Siglo de las Luces, que reunía en el Prado de San Jerónimo un jardín botánico, un observatorio astronómico y un centro para el estudio de las ciencias naturales quedaba de esta suerte algo transformado, pero mantenía su vocación científica y educativa. Inaugurado en noviembre de 1819, el Museo contaba entonces con más de mil quinientas obras. A pesar de la buena instalación de las salas, la falta de espacio no permitía exponer más que una pequeña parte, que fue catalogada poco a poco, sala a sala, por el conserje Luis Eusebi.

Por estar vinculadas a la Corona, y a pesar de que formaban parte de la herencia de Fernando VII, muerto en 1833, las obras de arte del Prado no se dividieron entre sus hijas. Gracias a esta vinculación, tan importante para el porvenir del Museo, todas las obras recayeron en Isabel II que indemnizó por ello a su hermana. Durante todos esos años, el Prado continuó enriqueciéndose con obras procedentes de los palacios reales, de El Escorial sobre todo, o compradas por los reyes. En 1839 se incorporan al Museo la colección de piedras duras y el llamado Tesoro del Delfín; un poco más tarde los dibujos de los talleres de los pintores de la corte. En 1843 aparece el primer catálogo, hecho por Pedro de Madrazo, que consta de mil ochocientas treinta y tres entradas; el de 1858 presentaba ya dos mil una.

La caída de Isabel II en 1868 y su exilio tienen como consecuencia la extinción, en 1869, del patrimonio real y su posterior reversión al Estado. Una vez nacionalizados, estos fondos "reales" forman, a partir de ese momento, una entidad estable de más de tres mil cuadros constituyendo, aún hoy en día, el núcleo central del Museo Nacional del Prado.

En 1871, entran otros fondos en el Prado: los del Museo Nacional de Pintura y Escultura, conocido como Museo de la Trinidad, porque así se llamaba el convento de la calle de Atocha de Madrid donde tuvo aquel su sede desde 1838. En él se habían reunido obras procedentes de los conventos de Madrid, Toledo, Avila y Segovia, sometidos a las leyes desamortizadoras de Mendizábal (1835-1837) según las cuales quedaban confiscados los bienes de la Iglesia. Mil setecientas treinta y tres obras, sobre todo madrileñas del Siglo de Oro, y en buena medida religiosas, incrementaban así los fondos del Prado.

El tercer núcleo del Museo está constituido por nuevos ingresos realizados a partir de 1856, bajo forma de compras, legados, donaciones y herencias... Citemos algunos de los legados más importantes: en 1920, Pablo Bosch donó ochenta y nueve cuadros entre los cuales cabe recordar bellísimos primitivos españoles; en 1930, con el legado Fernández Durán acceden al Museo más de tres mil dibujos, múltiples cuadros y numerosos objetos de arte. Deseando rellenar una gran laguna en las colecciones del Prado, Francisco Cambó — que enriqueció también el Museo de Barcelona — donó en 1942 algunos tesoros del

Renacimiento italiano entre los cuales cabe mencionar las tablas de *La historia de Nastagio degli Honesti* de Boticelli. Recientemente la herencia Villaescusa Ferrero ha permitido comprar, entre otras importantes, dos obras de pintores célebres que no estaban representados en el Museo: el *Ciego tocando la zanfonía* de Georges de La Tour y el *Retrato de Familia* de A. Thomas Key, así como una naturaleza muerta de Sánchez Cotán, *Bodegón de caza, hortalizas y frutas*.

A partir de 1856, las obras premiadas en las exposiciones nacionales de Bellas Artes representan una parte importante de las adquisiciones del Estado. Con frecuencia fueron inmediatamente depositadas, junto a otros lienzos del Prado, en instituciones gubernamentales o en los nuevos museos provinciales. Esta práctica, a menudo mal controlada y mantenida hasta hace unos años, ha obligado a llevar a cabo una revisión profunda de los fondos. Las obras del siglo XIX que no se dispersaron salieron del Prado en 1894, cuando se creó el Museo de Arte Moderno, pero en 1971 volvieron a su antigua sede al inaugurarse la sección reservada al siglo XIX en el Casón del Buen Retiro. Muy próximo al edificio de Villanueva, el Casón es el antiguo salón de baile del Palacio del Buen Retiro construido a partir de 1632 como lugar de reposo para Felipe IV y su corte. Con el Salón de Reinos – hoy Museo del Ejército – es lo único que queda del palacio destruido durante la invasión francesa. En el siglo XIX fue transformado para albergar el Senado y, hoy en día, conserva aún el espléndido techo en el que Luca Giordano pintó *La institución del Toisón de Oro* durante su estancia en España a finales del siglo XVII. De 1981 a 1992 estuvo expuesto allí el famoso *Guernica* que realizó Picasso para el pabellón español de la Exposición universal celebrada en París en 1937. Esta obra se exhibe ahora como depósito del Prado y en unión de sus sesenta y dos bocetos preparatorios en el Centro de Arte Reina Sofía, que es el museo nacional de arte contemporáneo.

Durante la guerra civil (1936-1939) el Prado conoció horas heroicas y dramáticas. Convertido en símbolo nacional, las obras más importantes (trescientos sesenta y un cuadros, ciento ochenta y cuatro dibujos y el Tesoro del Delfín) fueron evacuadas desde los primeros bombardeos que sufrió Madrid en 1936 y acompañaron al gobierno republicano a Valencia primero y luego a Cataluña, hasta Perelada y Figueras. La inminente caída de Cataluña propició la firma de un acuerdo entre el gobierno republicano y un comité internacional patrocinado por el pintor José María Sert (febrero de 1939). Después de cruzar los Pirineos en camión, los cuadros, junto con algunas obras de arte de otras instituciones españolas, fueron albergados en Ginebra en el Palacio de la Sociedad de Naciones. Al restablecerse la paz, los tesoros del Prado se expusieron durante el verano de

1939 en el Museo de Arte e Historia de Ginebra. Esta exposición, que fue la revelación internacional del arte español, se clausuró el 31 de agosto. Las obras de arte atravesaron Francia el 3 de septiembre cuando acababa de estallar la Segunda Guerra mundial.

Desde hace más de quince años se está llevando a cabo en el Prado una importante política de renovación arquitectónica y de acondicionamiento interior, sobre todo de climatización e iluminación. La realización de sus proyectos de ampliación – con la posible recuperación del Museo del Ejército – Salón de Reinos – y del antiguo Ministerio de Fomento, – más allá del Jardín Botánico – permitiría exponer un mayor número de obras, y con ello satisfacer la curiosidad de los más de dos millones de personas que anualmente visitan el Prado.

Historia de las colecciones reales

Una rápida ojeada a la historia de las colecciones reales nos va a permitir explicar la presencia en el Prado de las grandes escuelas de pintura. Los cuadros flamencos donados por Isabel la Católica a su muerte (1504) a la Capilla Real de Granada son un exponente del gusto por la pintura manifestado desde épocas tempranas por los reyes de España. Con Carlos V (1516-1556) y sobre todo con Felipe II (1556-

1598) se impusieron las dos principales tendencias por las que iban a discurrir las colecciones reales: la flamenca y la italiana. Para estos dos soberanos realizó Tiziano retratos, escenas mitológicas y cuadros religiosos. *El Emperador Carlos V, a caballo, en Mühlberg* o *Danae recibiendo la lluvia de oro* fueron piezas esenciales de la decoración de los palacios reales. A Felipe II le gustaban los cuadros flamencos de tema religioso, como por ejemplo *El descendimiento de la Cruz* de van der Weyden, y su gusto ecléctico se manifestó con la adquisición de varios cuadros de El Bosco, que constituyen uno de los tesoros del Museo del Prado. Con estos dos monarcas cobró especial relieve el papel de los pintores adscritos a la Corte, notablemente el de algunos retratistas como Antonio Moro o Sánchez Coello.

Felipe IV (1621-1665) fue ante todo, durante más de treinta años, el protector de Velázquez, pero fue asimismo uno de los más grandes coleccionistas del siglo XVII que adquirió casi dos mil cuadros, italianos y flamencos, tanto del Renacimiento como de pintores coetáneos. La venta de la colección de Carlos I de Inglaterra le permitió enriquecer aún más los fondos del Renacimiento italiano con nuevos tizianos pero también con *El tránsito de la Virgen* de Mantegna o *La sagrada Familia* llamada "La Perla" de Rafael. Para decorar sus palacios recurrió a los paisajistas de Roma y a Rubens. Su predilección por el gran pintor fla-

menco, a quien conoció personalmente y a quien encargó la serie de las *Metamorfosis* de Ovidio para su pabellón de caza, le movió a comprar varios cuadros entre los que Rubens dejó a su muerte. Felipe IV decidió además vincular su colección a la Corona, evitando así los riesgos de dispersión y creando las primicias de lo que había de ser el futuro museo.

El incendio del Real Alcázar de Madrid en 1735 y la desaparición de más de quinientas obras ensombrecieron el reinado de Felipe V, primer rey de la Casa de Borbón española (1700-1746). Pero su origen francés y el papel desempeñado por su segunda esposa, Isabel de Farnesio, dieron un nuevo impulso a las colecciones y a los fondos reales con la aportación de pintura francesa que se impuso, en primer lugar, con los retratos de Jean Ranc y de Louis Michel van Loo. Pero Isabel de Farnesio – que adquirió asimismo importantes obras de Murillo – fomentó igualmente el gusto tradicional por la pintura italiana. A partir de entonces, los fresquistas, de Giaquinto a Tiépolo, decoraron los nuevos palacios, muchos de cuyos bocetos se conservan en el Prado. Continuada por Fernando VI (1746-1759) y Carlos III (1759-1788) esta gran empresa decorativa incluía también la creación de tapices en los talleres de Santa Bárbara. Para ellos, toda una generación de jóvenes españoles que habían recibido las enseñanzas de la Academia, creó numerosos cartones: los de Goya son uno de los tesoros del Prado. Sus retratos de la familia de Carlos IV (1788-1808) constituyen el soberbio canto del cisne de las colecciones reales.

ESCUELA ESPAÑOLA,

ESCULTURAS Y DIBUJOS

Las donaciones y una constante política de adquisiciones han enriquecido grandemente los fondos iniciales constituidos por las obras de los pintores de corte y por los cuadros reunidos en el Museo de la Trinidad. El Prado es, sin duda, el "templo" de Velázquez y de Goya pero también hay en él obras importantes de El Greco, Murillo y Zurbarán. El panorama de la pintura española — único en el mundo — sobrepasa ampliamente a estas personalidades y facilita la aproximación a todas las épocas, desde el período románico al siglo XIX, dando a conocer a artistas de primera categoría, durante mucho tiempo desconocidos fuera de las fronteras del país. A los dos magníficos testimonios de la pintura mural medieval (fragmentos de la decoración de la iglesia mozárabe de San Baudelio de Berlanga, siglo XI) y la reconstrucción de los frescos de la ermita de la Cruz de Maderuelo (Segovia, principios del siglo XII) les siguen los primitivos de la época gótica, entre los que destaca el imponente *Retablo del Arzobispo don Sancho de Rojas* de Rodríguez de Toledo (hacia 1430). Si la secularización de los bienes de los conventos sirvió para descubrir importantes testimonios de la actividad artística en Castilla a fines del siglo XV (*La Piedad* o *Quinta Angustia* de Fernando Gallego o los elementos del *Retablo de Santo Tomás de Avila* debidos a Pedro de Berruguete), las tablas aragonesas, valencianas y catalanas atestiguan las peculiaridades de cada escuela. Menos rico en pintura andaluza, el Prado presenta, sin embargo, un excelente panorama del Renacimiento: la influencia italiana en el valenciano Vicente Masip, la adhesión a los planteamientos manieristas en *El descendimiento de la Cruz* de Pedro Machuca que concibió el palacio de Carlos V en Granada, las pinturas de Luis de Morales – entre ellas una magnífica *Adoración de los Reyes Magos* recientemente adquirida con fondos de la herencia Villaescusa – influido, como El Greco, por la reforma tridentina... Unos treinta lienzos forman un conjunto excelente de las obras del cretense instalado en Toledo: a varios retratos procedentes de las colecciones reales y a importantes escenas religiosas realizadas para diversos conventos de la región madrileña, se han añadido algunas adquisiciones más recientes como la *Alegoría...* adquirida en 1993, de su primera etapa española. Sus últimos años están especialmente bien representados.

La formación del Museo de la Trinidad y la intensa actividad artística patrocinada por Felipe IV ofrecen una visión espectacular del siglo XVII. La juventud sevillana de Velázquez está representada únicamente por dos cuadros: *La adoración de los Reyes Magos* y el retrato de *La venerable Madre Jerónima de la Fuente*, pero más de cuarenta obras, entre

retratos reales, enanos, escenas mitológicas y paisajes, muestran su actividad en la Corte, simbolizada por su autorretrato en *Las Meninas*. Velázquez no fue el único pintor afincado en Madrid. Las obras de Juan Bautista Maino, de Herrera "el Joven" o de Carreño de Miranda, por no citar más que a algunos, dejan entrever las influencias flamencas e italianas de la época. El *Bodegón de caza* de Sánchez Cotán adquirido recientemente ilustra, junto con un *Bodegón* de Zurbarán, el carácter específico de ese género en España. El Prado ha sabido reunir obras importantes de primeras figuras de la pintura andaluza, Murillo, Alonso Cano y Zurbarán, que, por otra parte, pasaron temporadas en la capital. Algunas de las obras de Murillo, adquiridas por Isabel de Farnesio, proceden de las colecciones reales, otras como *La Inmaculada* de "Soult" o *La fundación de Santa María Maggiore de Roma* sufrieron las consecuencias de la guerra de la Independencia. La mayoría de los cuadros de Ribera, pintor muy bien representado, proceden también de las colecciones reales a las que llegaron por conducto de los virreyes de Nápoles.

Aparentemente dominado por las influencias francesa e italiana, y después por Goya, el siglo XVIII cuenta con algunos grandes artistas: Luis Meléndez y su notable serie de naturalezas muertas procedentes del Palacio de Aranjuez; Luis Paret, intérprete del estilo rococó francés, del que deberían destacarse *Las parejas reales, Carlos III, comiendo ante su corte* y la recientísimamente adquirida *Vista del Jardín Botánico desde el Paseo del Prado*, o los Bayeu con sus numerosos cartones para la manufactura de tapices de Santa Bárbara.

Con ciento veinticinco obras todos los aspectos del talento de Goya están magníficamente representados: los cartones para los tapices de las estancias reales, los retratos de la familia real y de la aristocracia, las dos *Majas*, las visiones de la guerra de la Independencia y las enigmáticas composiciones de su *Quinta*, llamadas popularmente "pinturas negras", en que se entremezclan escenas de violencia, de brujería y dramas históricos y personales.

El eclecticismo del siglo XIX se impone en el Casón. A los retratos de Vicente López suceden las grandes composiciones históricas de Gisbert, Pradilla, Rosales o Pinazo, algunos testimonios del "costumbrismo" que representa los aspectos más típicos de la vida española y, en torno a Beruete, Sorolla o Rusiñol, las múltiples facetas del paisajismo español.

ANÓNIMO (siglo XII)
Pinturas murales de la ermita de la Cruz de Maderuelo (Segovia)
Transportadas a lienzo; la instalación mide 4,98 x 4,50 m.

TÍTULOS PUBLICADOS:

- **Mujeres Artistas**
- **Tesoros de los Uffizi**
- **Tesoros del Louvre**
- **Tesoros del Museo de Orsay**
- **Tesoros del Museo Picasso**
- **Tesoros del Prado**

DE PRÓXIMA APARICIÓN:

- **Angeles**
- **Tesoros de la National Gallery, Londres**
- **Tesoros del Impresionismo y Postimpresionismo**
- **Tesoros del Hermitage**

Impreso y encuadernado en Italia.

Primera edición

© De la edición española: Ediciones Cátedra, S.A.
I.S.B.N.: 84-376-1400-7.

HANS BALDUNG GRIEN (1484/85-1545)
Las Edades y la Muerte, 1540
Tabla; 1,51 x 0,61 m.

ANTON RAFAEL MENGS (1728-1779)
Retrato de Carlos III, 1761
Lienzo; 1,54 x 1,10 m.

ANTON RAFAEL MENGS
Retrato de la Reina María Amalia de Sajonia, 1761
Lienzo; 1,54 x 1,10 m.

SIR THOMAS LAWRENCE (1769-1830)
Retrato de Miss Marthe Carr
Lienzo; 0,76 x 0,64 m.

EL TESORO DEL DELFÍN

Y LAS ARTES DECORATIVAS

El Tesoro del Delfín es sin lugar a dudas una de las colecciones maestras del Prado y constituye un conjunto de belleza espectacular. Se llama así por su procedencia: el Gran Delfín, hijo de Luis XIV y padre de Felipe V, había reunido en su castillo de Meudon una importante colección de objetos de arte que, a su muerte, en 1712, se repartió entre sus herederos. Felipe V instaló en el Palacio de La Granja la parte que le correspondió. Debido al gran valor de los objetos, Carlos III los trasladó a su despacho de donde se los llevaron los franceses entre 1813 y 1815, deteriorándose entonces en parte. Expuesto en el Prado en 1839, el Tesoro sufrió un nuevo destrozo en 1918 a consecuencia de un robo y, durante la guerra civil española, siguió la suerte de los cuadros del Museo en su peregrinación hasta Ginebra.

Hoy en día, restaurado y depositado en unas salas especialmente acondicionadas, el conjunto está formado sobre todo por piezas italianas de los siglos XVI y XVII: jarrones de piedras duras (ágata, jaspe, lapislázuli, turquesa) y de cristal de roca montados con adornos de oro y plata.

Entre los demás objetos de arte figura un importante conjunto de piezas de mármol con incrustaciones de piedras

duras, algunas de origen italiano, otras realizadas en el siglo XVIII en el taller de piedras duras del Buen Retiro. Junto a tapices y porcelanas de Sèvres, el Prado cuenta también con unos buenos ejemplares de piezas españolas, de cerámica de Talavera y de objetos de cristal de la fábrica de La Granja, depositados actualmente en el Centro Nacional del Vidrio.

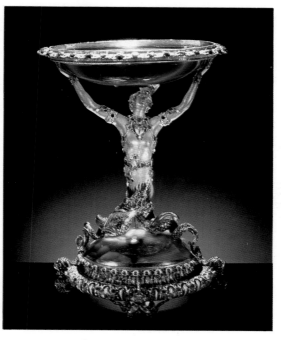

Salero de ónice con sirena de oro
Primera mitad del siglo XVI
Alto 0,175 m.

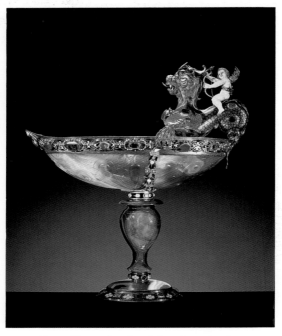

Barquillo con Cupido cabalgando un dragón
Hacia 1600
Ágata; alto 0,37 m.

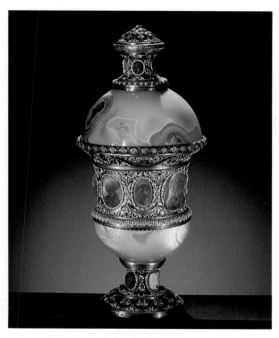

Vaso oriental de calcedonia con camafeos
Siglo XVII
Calcedonia; alto 0,41 m.

Fuente de los doce Césares
Hacia 1580
Plata sobredorada; alto 0,41 m.

Barquillo con ruedas
Final del siglo XVI
Cristal de roca; alto 0,22 m., largo 0,40 m.

TALLER DE PIEDRAS DURAS DEL BUEN RETIRO
Consola, 1770-1780

Mármol, ágata, calcedonia, ónice, jaspe, lapislázuli y bronce
dorado; alto 0,96 m., largo 1,77 m., ancho 0,94 m.

Taller de piedras duras de Florencia
Tablero de mesa, 1616. Mármoles
policromados y piedras duras; 1,18 x 1,18 m.

Leones sosteniendo una mesa de pórfido
Roma, mitad del siglo XVII;
a imitación de los *Leones Medici*. Bronce dorado.   293

ESCULTURAS

La colección de esculturas del museo, que cuenta con unas novecientas obras, procede, casi en su totalidad, de las colecciones reales y no ha sido valorada en general como se merece. Con la incorporación del Museo de la Trinidad se añaden además algunas esculturas religiosas típicamente españolas. La organización de las exposiciones nacionales de Bellas Artes y la constitución temporal del Museo de Arte Moderno explican la presencia de unas cuantas obras del siglo XIX.

Los fondos de escultura clásica, principalmente grecorromana, cuya catalogación acaba de ser revisada y publicada, contienen obras muy importantes. Los fondos se fueron formando progresivamente a partir del reinado de Felipe II (*Venus de la concha*) hasta la adquisición, en 1724, de la colección del príncipe Odescalchi que había pertenecido a la reina Cristina de Suecia.

Un último grupo importante está constituido por objetos procedentes de las excavaciones de Tívoli, dirigidas por Azara, embajador de España en Roma en 1779, que los donó a Carlos IV. Entre las obras más célebres, citaremos el *Grupo de San Ildefonso* inspirado en Policleto, y el *Busto de Antinoo* influido por el de Praxiteles.

Directamente ligado a la historia de España, un segundo fondo agrupa las obras de los Leoni, escultores italianos adscritos al servicio de Carlos V y de Felipe II: *El Emperador Carlos V dominando la Furia*, estatua en bronce, es una de las obras más importantes de la escultura italiana del siglo XVI. Del Renacimiento datan también ciertas copias antiguas en bronce que Velázquez trajo de Italia para decorar el Alcázar de Madrid.

ANÓNIMO HELENÍSTICO del siglo I antes de Cristo
Grupo de San Ildefonso
Mármol; alto 1,61 m.

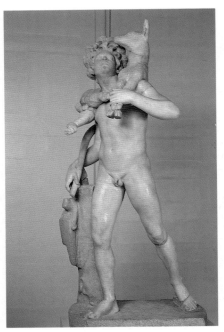

Anónimo romano del siglo II después de Cristo, inspirado en un bronce griego de comienzos del siglo III antes de Cristo *El fauno del cabrito*. Mármol; alto 1,36 m.

ANÓNIMO ROMANO de mediados del siglo I después de Cristo
La Venus del delfín
Mármol; alto 2,00 m.

ANÓNIMO DE LA ÉPOCA IMPERIAL
Busto de Antinoo
Mármol; alto 0,97 m.

301

COPIA DE POLICLETO
Diadumeno
Mármol; alto 2,02 m.

OBRA GRIEGA DE UN SEGUIDOR DE LISIPO
Cabeza, comienzos del siglo III antes de Cristo
Bronce; alto 0,45 m.

COPIA DE UN ORIGINAL ANTIGUO
Hermafrodita
Bronce; longitud 1,55 m.

LEONE LEONI MENAGGIO (1509-1590)
El Emperador Carlos V dominando la Furia, 1551-1555
Bronce; alto 2,51 m., ancho 1,43 m.   305

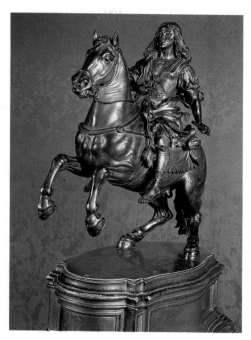

GIOVANNI BATTISTA FOGGINI (1652-1725)
El Rey Carlos II, hacia 1690
Bronce dorado; alto 0,97 m., longitud 0,44 m.

ÍNDICE

309